Rosemarie Ebbmeyer

Die wunderfitzige Wurzel

Die wunderfitzige Wurzel

Ein Märchen, erzählt für Julian und Malte
von ihrer Großmutter Rosemarie

Bibliografische Information der Deutschen Nationalbibliothek:
Die Deutsche Nationalbibliothek verzeichnet diese Publikation in der
Deutschen Nationalbibliografie; detaillierte bibliografische Daten sind
im Internet über http://dnb.dnb.de abrufbar.

© 2016 Rosemarie Ebbmeyer
Alle Rechte vorbehalten

© Fotos und Layout: Bernd Ebbmeyer
Herstellung und Verlag: BoD – Books on Demand, Norderstedt
ISBN: 978-3-7412-0979-6

Es war einmal eine Wurzel, die seit vielen hundert Jahren im schweizerischen Graubünden tief in der Erde steckte. Es machte ihr nichts aus, die Alpen nur von unten zu sehen. Sie war mit ihrem einfachen blinden Dasein zufrieden, nährte sie doch einen riesigen Bergahorn.

Die Wurzel grub fleißig ihre Verästelungen in die Erde und labte sich daran. Nach 200 Jahren regen Tuns kam sie ins Grübeln. Sie wollte endlich auch etwas von der Welt sehen, so wie die Vögel oder zumindest ihre Geschwister, die Zweige, die Rinde und die Blätter.

„He, ihr da oben, was gibt es Neues?"

Ihre Säfte trugen die Frage bis in die obersten Wipfel.

„Alles wie immer!", rauschten die Blätter zurück. Mit dieser Antwort gab sich die alte Wurzel zufrieden, sie schien ja nichts zu verpassen!
Mit den Jahren jedoch wurde sie merkwürdig traurig.
„Was ist nur mit mir?", fragte sie sich immer öfter.
Schließlich versiegten die Säfte und nach vielen Wintern mit eisigen Frösten fiel der Bergahorn in einem tosenden Herbststurm mit lautem Krachen um. „Hui!" Wie ein Blitz schnellte die Wurzel aus der Erde und sauste durch die Luft. Wind und Wetter ausgesetzt, blieb sie viele weitere Jahre an dem Platz im oberen Talkessel liegen. Sie gewöhnte sich an Sonne, Regen, Kälte, Schnee, palaverte mit den Schneehühnern und Alpendohlen, schaute dem Treiben der Gämsen zu. Ja, einmal entdeckte sie sogar weit oben am Himmel einen Lämmergeier. Alles war spannend und sie langweilte sich nie, bis eine gewaltige Geröllawine den Baum ins Tal riss. Noch bevor die Wurzel begreifen konnte, was geschah, wurde der alte Bergahorn zwischen riesigen Gesteinsbrocken zerrieben.

Stamm, Krone und Wurzel wurden getrennt und zerstoben in viele Einzelteile.

Auf sich allein gestellt, landete die Wurzel direkt in einem Fluss mit Namen Julia. Sogleich und zum ersten Mal verliebte sich die alte Wurzel.

„Julia, wie romantisch!"

Doch Julia war gletschergrün und eiskalt. Trotzdem! Die Wurzel fühlte sich wieder lebendig und verabschiedete sich von den anderen vorbeischwimmenden Resten des Bergahorns.

„Endlich unterwegs!", juchzte sie, als sie über die Kiesel des Flussbetts glitt. An grünen Wiesen trieb sie vorbei, Fische schwammen mit ihr um die Wette.

„Ach Julia, was für eine Freude!", jubelte sie.

Julia nahm keine Notiz von ihr. Sie bildete sich etwas darauf ein, so nah' am Julier-Pass zu fließen, mit ihm verwandt zu sein. Die alte Wurzel war enttäuscht.

Doch sie hielt sich nicht lange bei ihr auf, denn Julia mündete in die Albula und die Albula in den Hinteren Rhein.

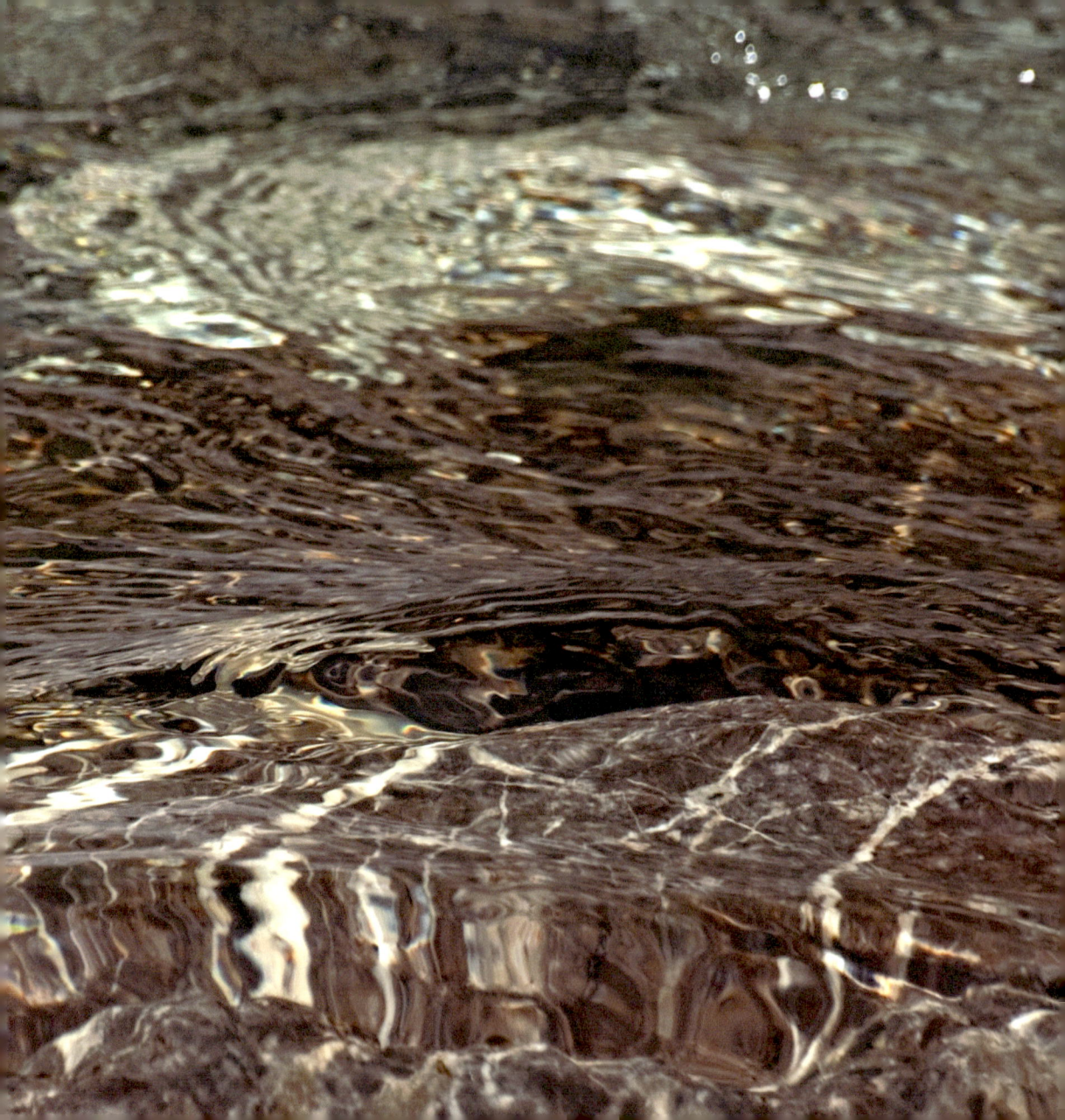

Die alte Wurzel glitt durch Schluchten, an Felsen, Brücken, Häusern, Menschen vorüber. Die Ufer traten immer weiter zurück, und sie blieb nicht mehr in Strudeln gefangen. Dieses Erlebnis würde sie nie vergessen: Bestimmt drei Wochen schoss sie schwindelig im Kreis herum. Sie hatte schon aufgegeben, auf eine Veränderung zu hoffen, bis ein leichtes Hochwasser sie aus dem Taumel befreite.
„Liechtenstein, das Land der Briefkastenfirmen", hörte sie unter einer Brücke. Sie verstand den Satz nicht.
„Was soll's, vielleicht war es ja nur ein Spaß?"
„Bast scho!"
Die Wurzel hörte den fremden Dialekt auf der österreichischen Uferseite, und einige Kilometer nach Sankt Margarethen, bei Höchst, konnte sie das andere Ufer nicht mehr sehen.
„Das muss das Meer sein", dachte sie.
Ein bisschen mulmig wurde ihr schon so ganz ohne Uferbegrenzung, vor ihr nur weiter endloser Horizont.
Angst beschlich sie.

Sie wich einem Fährschiff aus, auch Segelboote kamen ihr nahe: Immerhin, sie war nicht ganz allein, andere waren auch unterwegs.

Am Himmel entdeckte sie einen Zeppelin:

„Fliegen wäre schön."

„Nun übertreib' mal nicht", sagte sie zu sich selbst, „sei doch froh, endlich die Welt zu sehen und nicht länger festzustecken!"

Sie ließ sich treiben, kam durch eine Stadt, schwamm unter einer Brücke hindurch, die Uferränder waren wieder in greifbarer Nähe: Sie ließ das Meer, das man auch das Schwäbische nannte, hinter sich.

Wieder im Fluss zu sein, fand sie herrlich und wünschte sich, dass es nun für immer so bleiben würde. Sie dümpelte durch eine schweizer Stadt, als die Strömung stärker wurde. Immer schneller schoss sie dahin.

Unterhalb der Stadt war ein mächtiges Tosen zu hören. Ängstlich versuchte sie auf das Ufer zuzuhalten.

Zu spät, sie war gefangen im Gebraus, schnellte über Felsen mitten hinein in eine tosende Hölle. Noch im Stürzen erinnerte sie sich mit Entsetzen an die Geröllawine.

„Würde dies ihr Ende bedeuten? So lange bin ich doch noch gar nicht unterwegs?"

Sie verlor das Bewusstsein. Als sie langsam wieder zu sich kam, schwamm neben ihr ein kleines Ausflugsboot mit Menschen, die fotografierten. Auch über ihr standen Menschen auf Terrassen.

„Konnte es sein, dass sie sich an diesem teuflischen Schauspiel ergötzten?"

Matt und müde erreichte sie eine ruhige Stelle am Ufer und verweilte zwei Tage zwischen herabhängenden Weidenzweigen.

Sie brachte all ihren Mut auf, um ihrer Neugier nachzugeben und sich dem Fluss wieder anzuvertrauen. Von rechts und links kamen kleine Flüsschen hinzu, brachten Sand und Sediment mit. Es störte sie nicht, wenn das Wasser trüber wurde, irritierte sie aber sehr, als es wenige Grade wärmer wurde.

„Hat die riesige Dampfwolke am Ufer vielleicht etwas damit zu tun?"

Schnell nahm sie Kurs auf die Mitte, dort war die Strömung größer, das Wasser frischer. Tage später wurde ihr dirmelig. Die schöne Stadt am Rheinknie nahm sie kaum wahr. Das Wasser schmeckte anders, leicht bitter. Große Fabriken mit hohen Schornsteinen säumten das Ufer. Erste große Lastschiffe kreuzten ihren Weg. Nun bewegte sie sich abseits der tiefen Fahrrinne. Bis Breisach war ihr noch leicht übel.

Auf der französischen Seite machte sie die Bekanntschaft mit einem glatt geschliffenen Baumstamm. Der erfahrene Monsieur kannte einen Schleichweg um die Staustufe.

Gemeinsam bogen sie in eine Kanalrinne ein, schwammen und lachten um die Wette.

„Voila, les Vosges et auf der anderen Seite voici der Schwarze Wald!"

Als die Schneeschmelze einsetzte und der Fluss über die Ufer trat, wurden sie übermütig und genehmigten sich einen Ausflug ins Taubergießen.

Kaum waren sie abseits des großen Stroms, war auch schon das Hochwasser vorbei, und sie blieben mitten im Naturschutzgebiet hängen. Das hatten sie nun davon! Sie lagen im Auwald zwischen Bärlauch und trockneten vor sich hin. Manchmal flogen Kormorane, Reiher und Störche vorüber. Schwäne, Blässhühner, Haubentaucher zogen ihre Bahnen auf dem entfernten Wasser. Ach wären sie nur bei ihnen! Bald zankte sich Monsieur Baumstamm mit der alten Wurzel, wer nur auf diese Schnapsidee gekommen sei. Das wurde der Wurzel zu blöd. Beim nächsten Hochwasser nahm sie Reißaus.

Straßburg und das Europäische Parlament ließ sie links liegen. Immer mehr Tanker, Fahrgastschiffe und Lastkähne bevölkerten den Strom. Sie passte mordsmäßig auf nicht in deren Schiffsschrauben zu landen. An Mannheim schwamm sie schnell vorbei. Das braune Neckarwasser tat ihr trotz allem wohl.

Bei Kilometer 477, der Mengerkrippe, spülte sie der Fluss auf die aufgeschichteten Steine der Buhne.

„Nicht schon wieder festsitzen!", jammerte sie wütend.

Ein junges Pärchen, das in einem Korb viel Schwemmholz bei sich trug, näherte sich der alten Wurzel.

„Sieh mal diese abgeschliffene Wurzel, das wäre doch eine phantastische Unterlage für ein Teelicht. Wir bräuchten sie nur noch mit einem Hobel zu glätten!"

„Wirklich apart!", rief die junge Frau und warf die alte Wurzel in den Korb.

„Das ist ein Unikat, das sich gut verkaufen wird. Ich wüsste auch schon jemand!"

Der Wurzel grauste, sie wollte keinesfalls als Deko in einem modernen Wohnzimmer enden.

Starr vor Schreck sann sie auf Rettung. Die junge Frau begann selbstvergessen zu singen und stolperte! Diesen winzigen Moment nutzte die Wurzel, tat einen freudigen Hüpfer und fiel aus dem Korb ins Wasser.

Erleichtert schwamm sie weiter. Tag für Tag. Woche für Woche. In Köln auf der Deutzer Brücke herrschte Gedränge. Verkleidete Menschen feierten ausgelassen Karneval.

„Mit niemandem kann ich meine Eindrücke und Gefühle teilen", seufzte die Wurzel.

„So lange bin ich nun schon unterwegs, die Landschaft um mich herum verändert sich, nur ich bleibe immer die gleiche alte Wurzel!"

Doch als sie an sich herunterschaute, sah sie, dass auch sie sich verändert hatte. Blankes Holz war zu sehen, ihre schützende Außenhaut hatte sie verloren, die kleinen frechen Ästchen waren verschwunden. Narben von den unerwarteten Begegnungen hatten sich eingekerbt. Dünner und kürzer war sie geworden. Eine Schönheit war sie nicht mehr, doch immer noch lebendig und unterwegs.

„Kein Mensch, sieht mir mein wahres Alter an!", versuchte sie sich zu trösten.

Zwischen den großen Schiffen im riesigen Duisburger Hafen fühlte sie sich sehr klein. Auch die Dämme sah sie nur noch in weiter Entfernung und die Landschaft wurde flach und ländlich. Mutlos, ließ sie sich treiben.

„Smakelijk eten", von Ferne hörte sie jemand reden.

Das musste Holländisch sein.

„Ja, bin ich denn schon der Nordsee so nah?"
Dieser Gedanke gab ihr Auftrieb. Heiter und erfreut schwamm sie weiter. Ein Schwarm von Rotaugen, Äschen, Döbeln, Brassen, Barschen und Zandern schloss sich ihr an. Nun wusste sich die alte Wurzel getragen und geborgen, war Teil des Ganzen.
Als sie das erste Salz der Nordsee schmeckte, war sie nach 1200 Kilometern angekommen.
Jetzt konnte sie nichts mehr aufhalten! Die nächsten paar tausend Kilometer Atlantik würde sie bei guter Strömung und starkem Wind auch schaffen! Und sie sang lauthals wie einst Udo Jürgens:
„Ich war noch niemals in New York, ich war noch niemals auf Hawaii!"